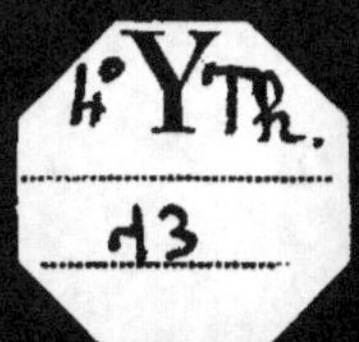

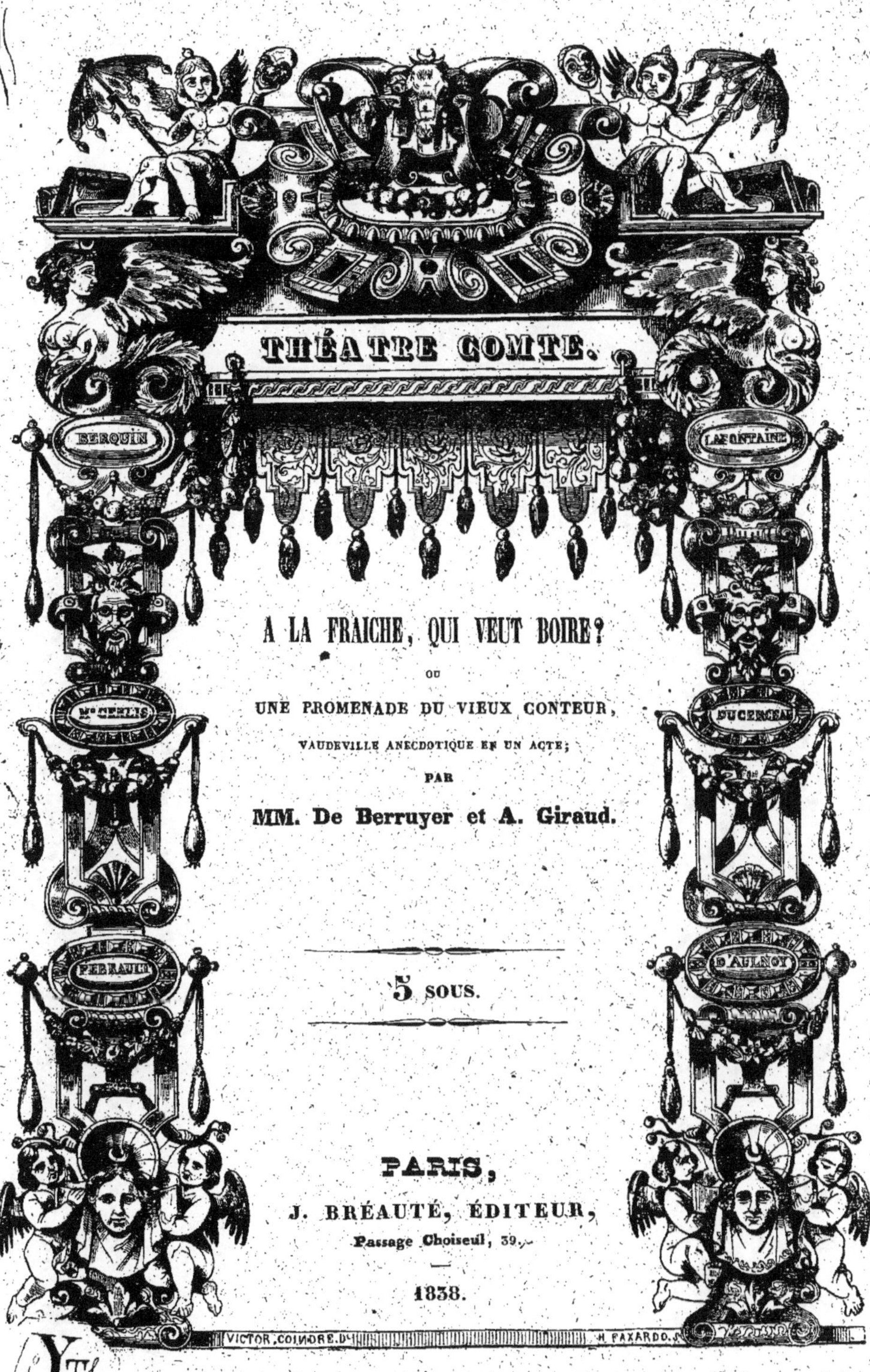

A LA FRAICHE, QUI VEUT BOIRE?

OU

UNE PROMENADE DU VIEUX CONTEUR,

VAUDEVILLE ANECDOTIQUE EN UN ACTE;

PAR

MM. De Berruyer et A. Giraud.

5 SOUS.

PARIS,

J. BRÉAUTÉ, ÉDITEUR,

Passage Choiseul, 39.

1838.

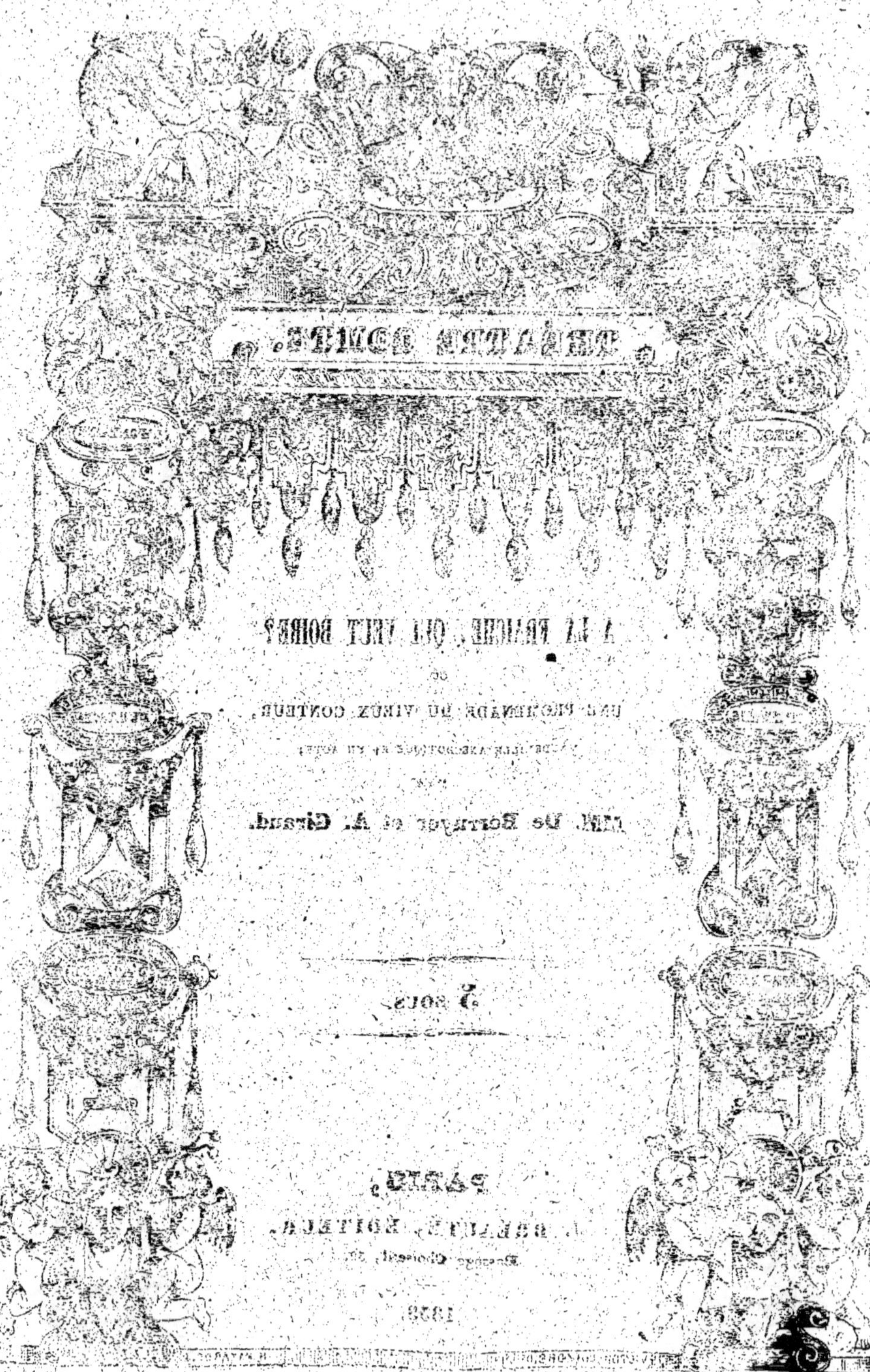

THÉÂTRE COMIQUE.

À LA FRAICHE, QUI VEUT BOIRE?

ou

UNE PROMENADE DU VIEUX CONTEUR,

PAR

MM. De Boirayer et A. Giraud.

5 sous.

PARIS,

J. BREAUTÉ, ÉDITEUR,

Passage Choiseul, 20.

1838

A LA FRAICHE! QUI VEUT BOIRE?

OU

UNE PROMENADE DU VIEUX CONTEUR,

VAUDEVILLE ANECDOTIQUE EN UN ACTE, D'APRÈS UNE DES CAUSERIES DE M. BOUILLY;

Par MM. DE BERRUYER et A. GIRAUD.

REPRÉSENTÉ, POUR LA PREMIÈRE FOIS, A PARIS, SUR LE THÉATRE-COMTE, LE 9 MARS 1838.

PERSONNAGES.	ACTEURS.	PERSONNAGES.	ACTEURS.
M. BAILLY, homme de lettres, ancien professeur.	M. ALFRED.	Elèves du collége Bourbon.	
Mad. BROSSARD, marchande de coco.	Mlle. ALINE.	Premier Elève.	MM. ALEXIS.
DURAND, entrepreneur de maçonnerie.	MM. ARISTIDE.	Deuxième Elève.	JOSEPH.
Le baron DE LIGNY, conseiller-d'état.	ACHILLE.	Troisième Elève.	COMPÈZE.
THÉONIE, } ses filles.	Mlles. FLORENTINE.	Quatrième Elève.	DEMONT.
ANAIS, }	LÉONTINE.	Un maître d'études.	MARCHAT.
La duchesse DE BELVAL.	JACOPS.	Maçons, Ouvriers, Voisins, Voisines.	
CÉCILE, nièce de Durand.	HENRIETTE.	Premier maçon.	VARIN.
Une voisine de Mad. Brossard.	JENNY.	Deuxième maçon.	EUGÈNE.
Un garçon de bureau.	M. PORTE.		

La scène est à Paris, en 1818.

Le théâtre représente une partie du boulevard près de la rue de la Paix. Dans le fond, on aperçoit une maison en construction. A droite de l'acteur, la boutique d'une marchande de coco, de gâteaux, de cerises, d'eau-de-vie, de cervelas, etc. Une belle fontaine, garnie de gobelets en argent, domine tout l'étalage. A gauche de l'acteur est un banc.

SCÈNE PREMIÈRE.

MAD. BROSSARD, DES OUVRIERS.

(Au lever du rideau, Mad. Brossard est entourée d'ouvriers : ils tiennent tous un morceau de pain : elle leur sert différentes marchandises: les uns mangent, les autres boivent, fument, etc. : promeneurs sur le boulevard au fond.)

LES OUVRIERS (en chœur).

AIR : *du Vaudeville de Mad. Scarron.*

Le jambon,
L' saucisson,
V'là notr' nourriture!
Du fin cervelas,
Qui pourrait jamais être las?
C'est parfait,
Ça nous plaît,
Tant qu' l'appétit dure....
Un' goutte d' liqueur
Par là d'ssus nous donne du cœur!
(Mad. Brossard leur verse à boire.)

MAD. BROSSARD.

Faut que j' dispos' ma boutique,
De l'ordre et d' la propreté,
C'est le moyen qu'la pratique
Se dirig' de mon côté.
Plaçons nos gâteaux d' Nanterre
De façon qu'ils frapp'nt le r'gard,
Et f'sons mousser un verre
De c'coco, vrai nectar!

REPRISE DU CHOEUR.

Le jambon, etc.

MAD. BROSSARD.—J' vois que l'appétit n' va pas mal à c'matin, tant mieux, tant mieux, les amis! j'ai du plaisir à vous voir manger... C'est ça qui m' fait vivre, aussi j'ai de quoi vous régaler! v'là du fameux cognac... des gâteaux, du cervelas... des cigarres, et autres rafraîchissemens; par la chaleur qu'il fait, ça r'donne des forces !

LES OUVRIERS.—Ah ! oui, l' trois six... c'est chique !

MAD. BROSSARD.—Regardez-moi queu cerises j'ai là... C'est de la vraie *Mémorency!* quand vot' bourgeois, l' père Durand, va voir ça... i' s'ra capable de m'acheter tout l' panier.

PREMIER MAÇON.—C'est çà un digne homme !

MAD. BROSSARD.—Ah ! i' m' sembl' l'entendr'encore vous dire, avec sa bonne grosse voix : « J' n'ai pas d' famille, moi, j'suis seul sur c'te terre... C'est vous qu'est mes enfans ! » Dans notr' état, on n'a pas souvent affaire au beau monde, c'est vrai, mais en r'vanche, on fait la connaissance d' braves gens qu'ont tous l' cœur sur la main.

AIR : *Il me faudra quitter l'empire.*

Presque chaqu' jour, depuis qu'ici j'exerce,
J' vois l'ouvrier humain et généreux,
V'nir s'adresser à mon commerce,
Pour soulager un frère malheureux,
Puis au travail, il retourne joyeux!

PREMIER MAÇON.

Mais pourquoi pas ajouter, la p'tite mère,
Que d'auprès d'vous sitôt qu'il disparaît
Vers l'indigent vous volez comme un trait,
Pour lui verser d' vot' Cognac un p'tit verre,
Afin d'avoir votre part dans l'bienfait. (*bis.*)

MAD. BROSSARD. — N' parlez pas d'ça, si l' monde vous entendait.... ça m'amènerait trop d' pratiques.

PREMIER MAÇON.—J' crois qu'on n'en manque guères.... avec de bonnes grosses joues comme celles-là. (*Il lui fait une agacerie.*)

MAD. BROSSARD, *lui tapant sur les mains.* —Dis donc, luron, à bas les mitaines, ou gare la giroflée !... (*Elle le menace d'un soufflet.*)

PREMIER MAÇON.—Ah ! ah ! est-ce qu'il y a du mal à vous dire que vous n' manquez pas d' pratiques par ce beau temps-là ?

MAD. BROSSARD. —Oui... pourvu qu' ça n' finisse pas comme dimanche dernier... En a-t-il tombé d' c't'eau ! j'ai mon petit Félix qu'a été si mouillé, que d'puis il est enrhumé comme un loup, si bien que l' médecin lui a ordonné de garder la chambre.

DEUXIÈME MAÇON ; *il s'approche de madame Brossard, et lui envoie de la fumée de tabac dans les yeux.*—Ah ! c' pauvre garçon !..

MAD BROSSARD, *avec humeur.*—Toi, je t'ai déjà défendu de venir me souffler du tabac dans l' nez.

DEUXIÈME MAÇON.—Puisque vous en vendez... i' m' semble que vous ne d'vez pas trouver mauvais...

MAD. BROSSARD. — J' te dis que ça m' déplaît.

DEUXIÈME MAÇON. — Suffit !.. Suffit... On s'en va... (*A ses camarades.*) v'nez, vous, les autres !.. La fumée d' tabac déplaît à madame, comme si son défunt, d' son vivant, n' fumait ni ne chiquait, ni n' prisait, et trente-six mille agrémens analogues... all f'ra bien d'écrire sur son établissement : *on n' fume point z'ici.*

PREMIER MAÇON.—Allons, respect z'au beau sesque, et fumons plus loin. (*Les maçons s'éloignent.*)

MAD. BROSSARD. — C'est vrai !.. ça m' dégoûte moi ! Comme si on n'avait pas assez de tous ces mirliflors qui s' promènent sur l' boulevard avec leux cigarres et leux princesses sous l' bras... c'est la mod', je le veux bien, mais ça n'en sent pas meilleur pour ça... d' mon temps, on nous j'tait un autre encens à la figure !... (*Apercevant Cécile.*) mais v'là c'te pauvre Cécile, qu'est-ce qu'elle me veut encore ? (*Les maçons sortent.*)

CHŒUR.

Le jambon ,
L' saucisson, etc.

SCÈNE II.

MAD. BROSSARD, CECILE, *vêtue proprement mais d'une manière qui annonce la misère ; elle paraît triste et vient s'asseoir sur un banc en face de Mad. Brossard.*

CÉCILE.

AIR : *Dans ma chaumière.*

Ma pauvre mère !.. (*bis.*)
Le sort nous poursuit donc toujours,
Pour t'arracher à la misère,
A quels moyens avoir recours !
Ma pauvre mère !.. (*bis.*)

MAD BROSSARD.—Ah ! te v'là, ma p'tite Cécile, mais qu'est-ce que j' vois !.. de grosses larmes... toujours triste, ma chère enfant ?

CÉCILE.—Ah ! ma bonne madame Brossard, ne m'en parlez pas ! nous sommes bien malheureuses, ma mère et moi, allez !..

MAD. BROSSARD, *avec intérêt.* — Que vous est-il donc arrivé de nouveau ? voyons, parle...

CÉCILE, *essuyant ses larmes.* — Vous vous rappelez bien qu'hier vous m'aviez envoyé chez une grande dame de la rue Saint-Dominique pour y chercher de l'ouvrage... deux fois je me suis présentée et je n'ai pu la voir, quand je pense qu'il y a huit jours que nous manquons de travail, ah !.. (*Elle se remet à pleurer.*)

MAD. BROSSARD, *à part.*—Pauvres gens ! ça fend l' cœur... mais il fallait retourner c' matin.

CÉCILE. — C'est que voyez-vous, je n'ose pas... je suis si jeune... au moins si ma mère pouvait venir avec moi... mais elle est si faible depuis sa maladie...

MAD. BROSSARD. —Allons, mon enfant ! un peu de courage, retourne à l'hôtel.

CÉCILE.—Vous croyez qu'elle voudra bien...

MAD. BROSSARD.—Sois sans crainte, madame la Duchesse de Belval, toute duchesse qu'elle est, est une dame très charitable... si elle n'était pas hier chez elle, c'est qu'elle était sans doute à visiter ses pauvres... elle est plus souvent dans les mansardes que dans les salons, et je suis bien sûre que dès qu'elle t'aura vue, dès que tu lui auras parlé... va, mon enfant, va.

CÉCILE.—Vous me rendez l'espoir... je pars. (*Elle se dispose à sortir.*)

MAD. BROSSARD, *l'arrêtant.* —Ah! çà, tu ne m'achètes donc rien aujourd'hui ?

CÉCILE, *avec embarras.*—Il ne me faut rien, madame.

MAD. BROSSARD, *à part.*—Elle n'a peut-être pas encore mangé de la journée (*haut*)! Tiens, tiens, prends ce gâteau de Nanterre (*elle lui donne un gâteau*), ça te donnera du courage... et puis comme c'est un peu lourd à l'estomac, je vais te peser une livre de cerises, pas vrai ?.. (*Elle pèse une livre de cerises en faisant très bon poids*).

CÉCILE, *avec hésitation.* — Mais.... c'est que... je n'ai pas...

MAD. BROSSARD. —Je t'entends bien ! c'est bon !.. c'est bon ! ça s' trouvera avec autr' chose, ma fille. Maintenant, prends-moi tes jamb's à ton cou. (*Cécile mange avec avidité quelques cerises et du gâteau en se détournant, et met le reste dans sa poche.)*

CÉCILE, *avec expression.* — Pour ma mère, ceci... pour ma mère!! *(Revenant en scène auprès de Madame Brossard.)*

AIR : *Travaillons, mesdemoiselles.*

ENSEMBLE
A l'hôtel, je cours bien vite,
Oui, je dois vous obéir;
Dieu pour ma mère m'excite.....
Puissé-je au moins réussir!

MAD. BROSSARD.
A l'hôtel cours au plus vite,
Tu fais bien de m'obéir;
Dieu pour ta mère t'excite,
Tu n'peux manquer d'réussir.

(Cécile sort.)

SCÈNE III.

MAD. BROSSARD, *seule.*

Y a d'quoi vous déchirer l'ame! *(Elle essuie ses yeux.)* Et c'est qu' ça vous a l'cœur joliment placé... si elle venait à s'douter qu'on pense à lui faire la charité... Ah! bien oui... gn'y aurait pas moyen de lui faire accepter la moindre chose... ça s'laisserait plutôt mourir de faim! *(Elle retourne à sa boutique.)*

SCÈNE IV.

MAD. BROSSARD, M. BAILLY; *il arrive par la coulisse de gauche, il tient un crayon et du papier; il semble réfléchir.*

M. BAILLY. — C'est par de gracieuses images... quelques saillies de bon goût... qu'on arrive à disposer avec art un conte moral... des contrastes surtout!.. Les boulevards sont la terre classique des contrastes!.. La misère auprès de l'opulence!.. L'orgueil en présence de l'aménité, et mille autres semblables... *(Il aperçoit le baron de Ligny et ses deux filles.)*

SCÈNE V.

MAD. BROSSARD, M. BAILLY, *sur le devant de la scène,* LE BARON DE LIGNY, THÉONIE, ANAÏS, *tous les trois dans le fond du théâtre.*

M. BAILLY, *à part.* — Eh! je ne me trompe pas... Le baron de Ligny et ses deux filles... à propos de contrastes... en est-il un plus frappant que le caractère des deux sœurs... La jeune, aimable et gaie... L'ainée, fière, hautaine... persuadée qu'il ne peut y avoir dans la classe du peuple ni vertus, ni sentimens.

ANAÏS, *à son père vivement.* — Mon père... n'est-ce pas M. Bailly qui se promène là-bas?

LE BARON. — Lui-même... abordons-le. *(Ils se dirigent du côté de M. Bailly.)*

M. BAILLY, *à part.* — Enchanté de la rencontre!.. elle me fournira peut-être le sujet de mon conte... Le conteur est comme le chansonnier, à chaque objet qu'il voit, il se dit : je ferai quelque chose là-dessus. *(Il s'est appro-*

ché du baron, et lui tend la main.) Eh! bonjour donc, baron... mesdemoiselles. *(Il les salue.)*

LE BARON, *en scène.* — Par quel heureux hasard? *(Apercevant le crayon et le papier que tient M. Bailly.)* Je le vois, mon cher Bailly, vous cherchez encore, au milieu de ce panorama vivant, le thème de quelque nouvelle historiette.

M. BAILLY. — Ce sont là mes délassemens ordinaires.

AIR : *Sans chagrin pour l'avenir* (de Robin des bois).

Voir heureux le genre humain,
Toujours lui tendre la main,
Embellît ma vie.....
A tous les instans unir
La morale et le plaisir,
C'est ma philosophie.   *(bis.)*

LE BARON. — Qu'elle aimable gaîté!

M. BAILLY.
Avec de touchans récits,
Instruire grands et petits,
Telle est mon envie.
Être l'appui des parens,
Comme l'ami des enfans,
C'est ma philosophie.   *(bis.)*

LE BARON. — Nous allons vous gêner peut-être?

M. BAILLY, *vivement.* — Me gêner?.. non... *(Les retenant.)* Je sors du collége Bourbon.

LE BARON. — En effet... c'est aujourd'hui jeudi... et...

M. BAILLY. — Et ce jour-là, vous le savez... je ne manquerais pas d'aller rendre visite à mes chers élèves... à ce collége, où j'ai professé pendant vingt ans les humanités!...

LE BARON. — Et avec quelque distinction... on peut le dire.

M. BAILLY. — Excellens jeunes gens, comme ils m'aiment! il est vrai que lorsqu'ils me demandent de leur raconter quelque chose de ma façon, je ne me fais pas prier... Ils s'émeuvent à mes récits qu'ils traitent bien quelquefois de radotages, mais il faut avoir de l'indulgence.

LE BARON. — C'est un grand point, mon ami, que d'attacher les enfans à l'étude en les amusant.

M. BAILLY. — Et mes petites histoires ont fini par faire du bruit dans le monde; toutes les mamans veulent aujourd'hui en avoir la collection complète.

ANAÏS. — Et les enfans aussi... car je vous ai en entier dans ma bibliothèque, relié en maroquin encore! Et c'est sans contredit la plus belle reliure de Janet.

M. BAILLY. — Toujours aimable!

AIR : *C'était Renaud de Montauban.*
Ah! lorsque l'âge appesantit sur nous
Sa froide main... quelle ivresse pour l'ame,
Quand on ressent de ces transports si doux
Qui prouvent encor de la flamme;
Honneur cent fois au sage professeur
Qui des chemins présentés à l'enfance
Sait montrer avec assurance
Celui qui conduit au bonheur. *(bis.)*

Le Baron. — C'est un talent que tout le monde n'a pas.

M. Bailly, *à Théonie.* — Mais vous ne m'avez encore rien dit... charmante Théonie!.. Pourquoi ce petit air boudeur? Est-ce que cet admirable soleil qui luit sur nos têtes ne doit pas dissiper tous les nuages?...

Anaïs, *vivement.* — Oh! ce n'est rien, mon bon ami, ne faites pas attention!

Théonie, *à Anaïs.* — Rien... cela vous plaît à dire, mademoiselle. (*A M. Bailly.*) tenez, M. Bailly, je vous en fais juge.

Anaïs, *avec bonté.* — Ma sœur, c'est inutile.

Le Baron, *à part.* — Bon! elle va se prendre dans ses propres filets.....

M. Bailly. — Parlez, je suis tout oreille.

Mad. Brossard, *à part.* — Je vas écouter aussi... ça m'amusera.

Théonie, *avec volubilité.* — Nous passions tout-à-l'heure au coin de la rue du Montblanc, quand une marchande de fleurs, en voulant traverser le boulevard, fut heurtée par un cabriolet qui renversa sur la chaussée tous les bouquets qu'elle avait dans son panier. Anaïs se précipite comme une folle pour les ramasser et m'entraîne avec elle... Vous comprenez que je ne voulus pas consentir à..... la fille d'un conseiller-d'état... fi donc!

Mad. Brossard, *à part.* — Voyez donc un peu la mijaurée.... si ça ne fait pas suer...

M. Bailly, *avec douceur.* — Vous avez eu tort....

Le Baron, *en serrant la main de M. Bailly.* — Bien, mon ami, bien.

Mad. Brossard, *à part.* — Joliment rivé son clou!

Théonie. C'est cela, M. Bailly, vous donnez encore raison à ma sœur!

Air : du Piége.

C'est fort aimable en vérité
D'avoir affaire à pareil juge!
M. BAILLY.
Je n'écoute que l'équité,
Et dois parler sans subterfuge:
Oui, s'entr' aider l'un et l'autre ici-bas
Est un précepte où l'esprit de Dieu brille...
Tous les humains ne sont-ils pas
Enfans de la même famille! (*bis.*)

Mad. Brossard, *à part.* — Ah! queu crême d'homme!

M. Bailly, *à Anaïs et Théonie.* — Mais voyons! faisons la paix et oublions cette petite querelle.

Anaïs, *vivement.* — Ah! nous avons déjà tout oublié!

M. Bailly, *à Anaïs.* — Je n'en doute pas... (*A Théonie.*) Voulez-vous accepter mon bras, belle Théonie, nous marcherons doucement, je vous en préviens... A soixante-dix ans passés, on mesure ses pas... (*Au Baron.*) Baron, nous vous montrons le chemin. (*Anaïs prend le bras de son père.*)

Air : Gymnasiens, remellons à trentaine.

Allons, partons, car à la promenade
Par ce beau temps, chacun est invité;
Si l'exercice a guéri maint malade
(*Regardant Théonie.*)
Il a rendu bien souvent la gaîté.
(*On reprend en chœur.*)

SCÈNE VI.

LES PRÉCÉDENS, UN GARÇON DE BUREAU *une lettre à la main;* M. BAILLY, LE BARON, THÉONIE *et* ANAIS *s'éloignent lentement par la droite.*)

LE GARÇON DE BUREAU.
Suite de l'air.

Exécuter l'ordre du ministère
Est un emploi parfois très délicat,
Et ce n'est pas une petite affaire
Que de trouver un conseiller-d'état!

(*M. Bailly, le Baron, Théonie et Anaïs arrivés à l'entrée de la coulisse, reprennent en chœur.*)
Allons, partons, etc.
(Ils disparaissent.)

Le Garçon de bureau. — M. le baron de Ligny n'était pas à son hôtel... On m'a dit qu'il avait dirigé ses pas de ce côté... (*Il regarde dans la coulisse, à droite.*) Eh! mais, effectivement, je l'aperçois, courons vite. (*Il sort en courant.*)

SCÈNE VII.

MAD. BROSSARD, *seule, quittant sa boutique.*

Après qui court-il donc comme çà, celui-là? (*Elle regarde dans la coulisse à droite.*) Ah! le v'là qui aborde le monsieur en habit noir de tout-à-l'heure, et chapeau bas que j'dis... Il lui remet une lettre... Tiens, les v'là tous qui reviennent... C'est bon, je r'prends mon poste, et en faction... Ça ne me regarde pas. (*Elle se remet à sa boutique.*)

SCÈNE VIII.

Mad. BROSSARD, M. BAILLY, Le Baron DE LIGNY, THÉONIE, ANAIS, LE GARÇON DE BUREAU.

Le Baron, *tenant à la main une lettre ouverte.* — Oui, mon ami, le Ministre me prie de me rendre sur-le-champ près de lui pour une communication très importante... (*Au Garçon de bureau.*) Annoncez à Son Excellence que j'arrive. (*Le Garçon de bureau fait un profond salut, et sort.*)

SCÈNE IX.

Mad. BROSSARD, M. BAILLY, LE BARON, THÉONIE, ANAIS.

Mad. Brossard, *à part.* — Un ministre!... Puis qu'çà de monnaie; Escellence... Excusez du peu!...

Théonie *et* Anaïs. — Que c'est contrariant!

M. Bailly. — Voilà la vie, mes bonnes petites, on croit compter sur un plaisir, et c'est à ce moment même qu'il nous échappe.

Le Baron. — Je suis forcé de vous quitter, mon cher Bailly, je vous laisse mes filles. (*Il sort précipitamment.*)

SCÈNE X.

Mad. BROSSARD, M. BAILLY, THÉONIE, ANAÏS.

M. Bailly. — J'accepte cette douce mission avec grande joie... Venez, Anaïs. (*Il lui donne l'autre bras.*)

Air : *Vaudeville de la Somnambule.*
Soumettons-nous, c'est toujours mon principe.
ANAÏS.
Il le faut bien.
M. BAILLY, *à demi voix.*
Ne vous semble-t-il pas
Qu'en ce moment j'ai l'air du vieil Œdipe?...
ANAÏS, *vivement.*
Dont Antigone accompagnait les pas.
M. BAILLY.
Mais nous courons des chances différentes :
D'une Antigone il recevait l'appui,
Moi, j'en ai deux, et de plus, mes charmantes,
Je ne suis pas aveugle comme lui. (*bis.*)
(*Ils se disposent à sortir.*)

Mad. Brossard, *criant.* — A la fraîche, qui veut boire ?... V'là l' coco !

Théonie, *elle se donne de grands airs, paraît très fatiguée, et s'évente avec son mouchoir.* — Ah! qu'il fait chaud !... Vraiment, c'est à s'en trouver mal... Je ne sais quelle idée a eue mon père de nous faire sortir par une chaleur aussi suffoquante !

M. Bailly, *à part.* —. Toujours des manières... Mais j'y pense... Moi qui cherche un sujet de conte... Le voilà tout trouvé !... Du coco... Cette marchande... La leçon est bonne !...

Mad. Brossard, *criant.* — A la fraîche, qui veut boire? v'là l' coco !

Théonie. — Je n'en puis plus !...

M. Bailly, *haut et vivement.* — Eh bien ! mesdemoiselles, voulez-vous vous rafraîchir?... Si nous buvions du coco à cette belle fontaine... Nous n'avons pas loin à aller.

Théonie, *avec le plus grand dédain.* — Fi, donc !... quelle horreur !...

M. Bailly, *à part.* — J'en étais sûr...

Anaïs. — Pourquoi pas?.. Je ne serais pas fâchée d'y goûter à ce coco?... quand ce ne serait que pour savoir ce que c'est !

Théonie, *à sa sœur.* — Es-tu folle?... Tu oserais approcher tes lèvres de ces verres où viennent boire tant de gens du peuple?...

M. Bailly, *les entraînant vers la boutique.* — Mais ces gobelets sont très propres, lavés et essuyés chaque fois qu'on en fait usage.

Anaïs. — Sans doute, ils sont très propres... Plus je les vois, et plus je sens que je meurs de soif.

M. Bailly, *à madame Brossard.* — Et d'ailleurs, madame la marchande en a sûrement eu argent massif... si je m'en rapporte au luxe de sa boutique... et elle s'empressera de nous les offrir...

Mad. Brossard *avec volubilité.* — Comment donc, mon cher monsieur, mais c'est moi, au contraire, qui... car je n'sais pas cacher ce que je pense... Quel joli vieillard ! qu'est-ce que vous avez? 75 ans?... vous n'avez pas votre âge !... Vous m'avez plu dès que je vous ai vu. Et je me suis dit : Dieu ! si j'pouvais avoir la chose de vendre n'importe quoi à ce respectable octogénaire, quand ça n's'rait qu'un bâton d'suc d'orge, comme ç'a m'flatt-rait, comme ç'a m'irait au cœur... comm'...

M. Bailly *avec beaucoup de sang-froid.* — Un verre de coco à mademoiselle. (*Montrant Anaïs.*)

Mad. Brossard, *décrochant un gobelet.* — Voilà. (*Elle tire un verre de coco à la fontaine.*)

Anaïs, *avec joie.* — Ah! comme je suis contente... Comme ça mousse !

Mad. Brossard. — J'crois ben qu'ça mousse, et dans un beau gobelet en varmeil comme ça... On dirait ni pus ni moins qu'du vin de Malaga (*donnant le verre de coco à Anaïs.*) Buvez, mon p'tit cœur, c'est sain et soigné avec soin, j'ose m'en vanter...

Théonie, *avec un air dédaigneux, à part.* — Mon petit cœur !... Voilà pourtant à quoi l'on s'expose !

M. Bailly, *à part.* — Elle a vraiment l'air d'une excellente femme !

Théonie, *à part.* — Je ne sortirai plus avec elle, c'est décidé...

Mad. Brossard, *à Théonie.* — M'amselle ne veut pas se rafraîchir?

Théonie, *séchement.* — Je n'ai pas soif.

Anaïs, *déposant le gobelet.* — Délicieux !

Mad. Brossard. — Au moins, il y a du plaisir à vous servir, vous, m'amselle. (*Elle jette un coup-d'œil à Théonie.*) Attrape ! (*Elle reprend le verre d'Anaïs, le lave et l'essuie.*)

Air : *On dit que je suis sans malice.*
Qu' ça soit dans la s'maine ou l' dimanche,
Je n'me sers que d'un' serviett' blanche,
Et j' suis ben certain, par ma foi,
Qu' tout est bien récuré chez moi.....
De d'ssus le boulevard, morguenne,
Rien n'est plus brillant qu' ma fontaine.....
Et chacun d' mes verr's est si clair
(*Elle élève le gobelet avec affectation.*)
Qu' j'y frais boire un duc et pair ! (*bis.*)
(*Pendant la dernière partie du couplet, M. Bailly fouille dans sa poche, et se dispose à payer.*)

SCÈNE XI.

Les Précédens, une Voisine de Mad. Brossard.

La Voisine, *accourant.* — Ma voisine !... madame Brossard !... madame Brossard !... Accourez bien vite... bien vite !... votre garcon vient de se jeter du haut en bas des escaliers... Il a le corps tout en sang !

MAD. BROSSARD, *éperdue.*— Ah ! mon pauvr' Félix !... grand Dieu !... (*A M. Bailly.*) Ah ! mon bon monsieur, queu guignon !... Ma boutique ! par un beau jeudi comme çà encore... Un malheur ne vient jamais sans l'autre... Ah ! mon bon monsieur, je vous en prie. (*Elle prend les mains de M. Bailly avec effusion.*) J' vous en conjure !... ayez l'œil un instant sur mes marchandises... Mon pauvre enfant !... J'me confie en vous. (*Elle sort emportant sa serviette avec elle.*)

M. BAILLY, *courant après elle.*— Dites donc ! dites donc !... Eh ! brave femme !... que voulez-vous ?

MAD. BROSSARD, *revenant sur ses pas.* — Je m'en r' mets à vous... Vous avez l'air d'un bon enfant (*lui remettant sa serviette*), et ma serviette aussi. (*Elle sort précipitamment.*)

SCÈNE XII.

M. BAILLY, THÉONIE, ANAIS.

(*M. Bailly reste comme stupéfait, les bras balans et la serviette dans les mains.*)

ANAÏS.—Ah ! j'en suis toute bouleversée !...

THÉONIE. — Sans doute, c'est fort malheureux. (*Avec humeur.*) Si on n'était pas resté là... Voilà ce que c'est que de boire du coco !...

M. BAILLY, *se dirigeant vers la boutique.*— Allons, puisqu'il le faut... soyons marchand de coco... par intérim... Installons-nous... Il est bon de savoir faire un peu de tout dans ce monde.

THÉONIE, *avec étonnement.* — Comment ? M. Bailly... vous voulez... là... sérieusement. Allons donc, c'est une plaisanterie.

M. BAILLY. — Ne m'a-t'on pas confié un dépôt sacré ?

ANAÏS. — Sans doute... Je ne vois aucun mal à cela... Ce sera drôle...

THÉONIE, *d'un ton moqueur.*—Oui, cela sera très gai !

ANAÏS. — On s'ennuie tant dans les salons !

THÉONIE.—Nous ferons rire tout Paris à nos dépens...

M. BAILLY. — Détrompez-vous, mademoiselle Théonie ; c'est s'élever aux yeux du monde que de descendre à secourir l'infortune... Madame Brossard ne nous a-t-elle pas remis tout son petit avoir... je le garde et veux le lui remettre intact... Voyons, un petit effort... (*montrant à Théonie Anaïs assise dans la boutique*) tenez, votre sœur est déjà à l'œuvre... avec deux jolies dames de comptoir... je ferai des affaires d'or ! (*Il la prend par la main et la conduit à la boutique, où elle s'assied d'un air de mauvaise humeur. A part.* Voilà donc l'occasion que j'attendais pour la corriger !

AIR : *du Major Palmer.*
Décidez-vous donc, ma chère,
Ne vous faites pas prier.
THÉONIE, *à part avec dépit.*
De moi faire une fruitière
C'est par trop m'humilier,
(*Haut.*)
Je n'entends rien au commerce,
Je l'eus toujours en horreur !
M. BAILLY.
Gloire à celui qui l'exerce
S'il l'exerce avec honneur !
(*M. Bailly se place dans la boutique, ayant Théonie à sa gauche et Anaïs à sa droite.*)
De toutes ces marchandises
Il nous faut faire trois lots...
ANAÏS, *vivement.*
Moi, je vendrai les cerises,
(*A sa sœur.*)
Toi, débites les gâteaux.
M. BAILLY.
De crainte d'un tintamarre
Ou de quelque quiproquo,
Je me charge du cigarre,
Du Cognac et du coco.
THÉONIE.
Comment, sans un trouble extrême,
Reparaître en un salon ?
M. BAILLY.
Moi, j'irai toujours de même
A mon collége de Bourbon.
ANAÏS.
Moi, sans craindre la critique,
Je raconterai souvent,
Que j'ai tenu la boutique
D'une marchande en plein vent.   (*Ter.*)

THÉONIE, *à part.* —La petite folle... et ne pouvoir s'en aller !..

M. BAILLY. — C'est assurément une chose fort agréable que de se trouver tout-à-coup à la tête d'une boutique comme celle-là... Il faut espérer pourtant que Madame Brossard ne nous laissera pas là éternellement... jusqu'à son retour... tâchons de faire les meilleures affaires possibles... Justement, j'aperçois des pratiques qui nous arrivent... ah ! diable ! et les prix des marchandises ?..

ANAÏS.—C'est vrai... elle ne nous l'a pas dit.

THÉONIE, *à part.*—J'en suis bien aise !

M. BAILLY.—Enfin, c'est égal, de l'aplomb... comme si nous étions au courant de tout.

SCÈNE XIII.

M. BAILLY, THEONIE, ANAIS (*tous les trois dans la boutique*), DURAND, OUVRIERS.

DURAND ET LES OUVRIERS.
CHOEUR.
AIR : *du Chiffonnier.*
Maçons, bons camarades,
Prenons un peu d'repos
Et par quelques rasades
Oublions nos travaux.....
DURAND.
AIR : *du Maçon.*
Allons, amis, il faut nous rendre
Auprès de la bonn' mèr' Brossard,
Si jamais j' la fesions attendre
Ça n'serait pas délicat d'not' part.

Vous le savez, j'ai d'la monnaie
Et j'entends qu'ça soit moi qui paie
Tout l'liquid' qu'ici l'on boira.....
    Coût' que coûte,
    Pour un' goutte,
L'pèr' Durand est toujours là!
      CHŒUR.
  Maçons, bons camarades, etc.

PREMIER MAÇON.—Ah çà! mais, est-ce que j'aurions la berlue... gn'y en a plus de mère Brossard... c'est un vieux avec deux jeunesses, Dieu me pardonne!.. qu'exploite son magasin... et deux jeunesses un peu ficelées dans le soigné; regardez donc, m'sieu Durand...

DURAND.—C'est ma foi vrai!.. Qu'est-ce que cela signifie?

DEUXIÈME MAÇON.—J'oserai jamais leur demander la goutte, moi.

M. BAILLY *à Anaïs et Théonie.*—Que font-ils là? ils ont l'air de se concerter.

DURAND.—Comment? Jean-Pierre, le beau *sesque* te fait peur *aujor*d'aujourd'hui, suivez-moi, vous autres... c'est moi qui se charge de porter la parole. *(Il se dirige vers la boutique.)*

THÉONIE, *à part.*—Ah! mon Dieu, les voilà qui s'approchent.

DURAND *à M. Bailly, il ôte son chapeau;* monsieur, j'ai bien l'honneur, sans oublier ces dames...

M. BAILLY.—En quoi pourrions-nous vous être agréables, monsieur?...

DURAND.—Monsieur... *voilà*... Il me semble que je n'ai pas encore *évu* la valicence de vous voir.

M. BAILLY.—C'est très possible.... après?..

DURAND. — Ces dames non plus.

M. BAILLY.—Cela se peut encore.... et vous désirez?...

DURAND.—Si je ne me trompe.... c'est point à la mère Brossard à qui j'ai celui de parler.

M. BAILLY. — Pas positivement.

DURAND, — Alors mon vieux!.. est-ce que vous seriez son *prédécesseur?*

M. BAILLY.—Non plus. (*A part en riant.*) Il veut dire successeur.

DURAND. — Est-ce qu'elle aurait eu de fâcheux *antrécédens?*

M. BAILLY, *avec un mouvement d'impatience.* — pas davantage.

THÉONIE, *à part.* — *Antrécédens!*.. Ah! il écorche les oreilles... ce n'est pas tenable!

DURAND. — Alors quoi que c'est donc?

M. BAILLY. — Un malheur!... un malheur affreux!... son fils est tombé dans un escalier, et....

DURAND ET LES MAÇONS. — Serait-il Dieu possible!... Ah! la pauvre femme!

ANAÏS.—Et elle nous a laissé le soin de veiller à ses intérêts.

THÉONIE, *à part.* — Comme s'il était nécessaire de leur raconter tout cela.

DURAND.—Ah! c'est joliment beau une action comme celle-là.... C'est digne de l'anti-

quité.... et sur un coup comme ça, mon ancien, faut que j'buvions un p'tit verre à vot' santé et à celle de ces dames.

M. BAILLY. — Sans doute!... tenez... voilà qui est versé. (*Il verse quatre petits verres d'eau-de-vie.*) (*A part.*) Il ne faut pas qu'ils me demandent le prix par exemple! (*Durand donne à chaque maçon un petit verre.*)

DURAND. — A la santé de ces dames ou demoiselles (*avec hésitation*), je ne sais pas au juste (*ils boivent*).

ANAÏS. — Je vous remercie bien, Messieurs (*elle fait une petite révérence.*)

THÉONIE, *à part.* — A notre santé!... Il ne manquerait plus que de boire avec eux (*avec humeur*). Quelle position!

PREMIER MAÇON, *il fouille dans sa poche.* — Ah çà, les amis, ce n'est pas le tout, réglons.

DURAND, *les arrêtant.* — Qu'est-ce que vous faites donc là!... est-c' qu'il n'est pas convenu qu' c'est moi qui paiera? et je paie parce que c'est les bons comptes qui fait les bons amis!... (*A M. Bailly.*) en tout huit sous. (*Il pose l'argent sur la boutique.*)

M. BAILLY, *à Anaïs.*—D'où je conclus que chaque verre vaut deux sous. (*A Théonie.*) Ça nous tire d'un fier embarras.

PREMIER MAÇON, *à Durand, en lui donnant une poignée de main*). —En vous remerciant, monsieur Durand.

DURAND. — Taisez-vous donc! vous savez ben, qu' tout mon bonheur est de vous régaler... J'ai pus d' famille, moi... n'est-il pas naturel que j' mange ma p'tite aisance avec ceux qui m'ont aidé à la gagner?.. (*A M. Bailly.*) Pas vrai, monsieur?

M. BAILLY, *vivement.* — Oui, oui... Ah! vous n'avez plus de famille... je vous plains!.. je vous plains!...

DURAND. — J'avais bien un frère!.. un brav' soldat... quand j' dis brav'... j'ai le droit de le dire... il portait comme vous, l' ruban rouge .. Il s'était signalé dans mainte action.... mais hélas! après *avoir* sorti sain et sauf de plus de cent batailles... à Waterloo... un boulet de canon l'emporta.... Pauvre frère!.. va... (*Il essuie ses larmes.*)

M. BAILLY, *avec émotion.* — Et... il n'a pas laissé de famille?

DURAND. — Pardonnez-moi, mon cher monsieur... une femme et une enfant.

M. BAILLY. — Et sans doute vous les avez recueillies?

DURAND, *froidement.*—Non.

ANAÏS. — Et pourquoi?

DURAND. — Ah! pourquoi.... ça s'rait trop long à vous r'narer....c'n'est pas que j' leur en veuille aujourd'hui, au moins. Oh! Dieu m'est témoin.... à la p'tite surtout.... c'te chère enfant!... Mais voyez-vous, celle qui d'vint la femme d' mon frère.... j' l'avais aimée, moi. Elle avait promis d' m'épouser... quand Georges parut... tout fut oublié... Georges était bien fait, grand.... il était *jusse* qu'il eût le d'ssus, ils se marièrent... et moi, je n' voulus jamais r'voir sa femme; ça s'conçoit ça... aussi de d'puis la mort de Georges, j'ignore c'que sont d'venues et la mère et la fille... Et maintenant que n' donnerais-je pas pour les r'trouver!

M. BAILLY. — Il ne faut désespérer de rien.

M. DURAND. — Oh, monsieur!

AIR : *A soixante ans il ne faut pas remettre.*

Depuis dix ans, dans tous les coins d'la France,
J'ai fait d'mander ma sœur et son enfant
Et je n'dois plus conserver d'espérance.....
Ah! je l'sens trop, l'avenir qui m'attend,
C'est de vieillir, hélas! dans l'isol'ment.

PREMIER MAÇON, *avec feu.*

N'répétez pas c'te cruelle parole,
Au sein des maux dont l'sort vous accabla,
Pour vous sout'nir, ne sommes-nous pas là
Qu'notr' amitié quelquefois vous console.....

DURAND, *avec épanchement.*

Oui, ma famille, aujourd'hui la voilà!

LES MAÇONS, *ensemble.*

Qu' notre amitié quelquefois vous console,

DURAND, *leur pressant les mains dans les siennes avec effusion.*

Oui, ma famille aujourd'hui la voilà. (*bis.*)

(*On entend la cloche qui rappelle les maçons au travail.*)

LES MAÇONS.

AIR : *Entendez-vous, c'est le tambour.*

Entendez-vous! c'est le signal,
De retourner à notre ouvrage;
Allons, amis, r'doublons d' courage.....
Le moindr' retard nous s'rait fatal.

M. BAILLY, *bas à Théonie.*

Vous avez vu ces hommes-là de près,
N'est-il chez eux ni vertu, ni noblesse,
Et croyez-vous que la délicatesse
Dans tous les rangs ne puisse avoir accès?

CHOEUR DES MAÇONS.

Entendez-vous, c'est le signal, etc.

(*Ils sortent.*)

SCÈNE XIV.

M. BAILLY, ANAIS, THÉONIE. (*Ils reprennent tous les trois leurs places dans la boutique*).

CÉCILE, *un petit panier à la main.* — Ah! mon Dieu! ce n'est pas madame Brossard! (*Elle recule avec crainte.*)

M. BAILLY, *avec bonté.* — N'ayez pas peur, ma belle petite, si vous avez envie d'acheter quelque chose, approchez-vous avec confiance.

CÉCILE, *timidement.* — Monsieur....

ANAÏS. — Je suis prête à vous servir, demandez.

THÉONIE, *à part.* — Comme elle est jolie! quels beaux yeux pour une fille du commun!

CÉCILE, *à Anaïs.* — Mademoiselle, vous êtes bien bonne, c'est une livre de cerises que je voudrais... mais je ne sais en vérité....

ANAÏS. — Une livre de cerises?.... Attendez un instant.... (*Elle prend des balances, met des cerises dans un des plateaux, un poids*

dans l'autre, et s'applique à établir l'équilibre.) Là.... votre panier à présent....

CÉCILE, *naïvement.* — C'est bien juste.

ANAÏS. — Comment?

CÉCILE. — C'est que voyez-vous, mademoiselle, c'est là tout notre notre dîner à ma mère et à moi... Madame Brossard le sait bien elle... et elle me fait toujours bonne mesure.

ANAÏS, *émue.* — Vous n'avez que cela pour votre dîner, ma chère enfant?

CÉCILE, *avec un soupir.* — Hélas! oui...

THÉONIE, *se levant spontanément.* — Donne-lui donc vite une bonne poignée de cerises de plus... tu n'entends rien à peser... tiens, passe-moi les balances.

M. BAILLY, *à Théonie.* — Ah! bien!.. bien!.. vous n'avez jamais été plus ravissante!

ANAÏS, *après avoir pesé de nouveau de manière que le plateau des cerises l'emporte de beaucoup sur l'autre.*) Vous serez contente cette fois, j'espère. (*Bas à M. Bailly.*) Mon bon ami, prêtez-moi cinq francs.

M. BAILLY. — Ah ça, il faudra tenir compte à la marchande. (*Après avoir fouillé dans sa poche. (A Anaïs.*) Tenez, voilà ce que vous m'avez demandé.

ANAÏS, *elle glisse la pièce de cinq francs dans le panier de Cécile en versant les cerises.* — C'est cela.

CÉCILE. — Je vous remercie bien, mademoiselle, voici 2 sous.

M. BAILLY, *prend l'argent qu'il met dans un tiroir.*

ANAÏS.

AIR : *Petit blanc.*

Adieu donc, ma petite,
Nous espérons recevoir,
Encore une visite
De vous avant ce soir.

CÉCILE.

Je m'en vais au plus vite,
Ma mère est au désespoir,
Quand parfois je la quitte
Et tarde à la revoir.

(*Regardant les cerises dans son panier.*)

Ces cerises sont belles
A faire un vrai plaisir!
Mes bonnes demoiselles,
Vous savez, sans mentir,
On ne peut mieux servir,

(*Elle prend des cerises sur le dessus du panier.*)

Quand je les considère,
Quelle mine elles ont!

M. BAILLY, *avec intention.*

Vous en verrez, ma chère
Bien d'autres dans le fond.

M. BAILLY, THÉONIE, ANAÏS,

ENSEMBLE.
{ Adieu donc, ma petite, etc.

CÉCILE.
{ Je m'en vais au plus vite, etc.

SCÈNE XV.

M. BAILLY, ANAIS, THÉONIE.

M. BAILLY. — Vous voyez Théonie, le bonheur qu'on éprouve à faire le bien!.. Soutiendrez-vous encore que vos prétentions sont fondées ? Qu'avez-vous remarqué ici depuis le peu de temps que nous y sommes ? De la grandeur d'ame...

Anaïs. — Du désintéressement , de la piété filiale...

Théonie. — Ah ! ne me grondez pas, M. Bailly... mon émotion ne vous dit-elle pas assez combien je suis prête à avouer !..

Anaïs. — Je n'ai jamais été, je crois , aussi contente de ma vie !..

M. Bailly. — Et moi jamais si heureux de vous entendre parler ainsi... mais avec tout cela, madame Brossard ne revient pas, c'est que sans doute, son enfant est fort mal... Raison de plus, pour que nous redoublions de zèle... attention !

Anaïs. — Théonie est maintenant bien accoutumée...

Théonie. — Hum !.. hum !.. je n'ai pas grand penchant pour le commerce...

Anaïs. — Mais la vente se ralentit... Est-ce que personne ?..

M. Bailly. — Patience !.. j'aperçois beaucoup de monde qui vient de ce côté !..

Anaïs. — Cela ressemble à une pension en promenade.

M. Bally. — Tant mieux !.. attendez donc... il me semble reconnaître... oui... je ne me trompe pas... c'est une division du collége Bourbon.

Théonie , avec agitation. — Du collége Bourbon ?... où vous allez tous les jeudis , où vous êtes tant connu ?.. Ah ! mon Dieu !

M. Bailly. — Ne vous troublez pas ainsi...

THÉONIE.

Air : du Vaudeville de Partie et Revanche.
    Que cette rencontre est funeste !
    Ils vont tous vous montrer au doigt.....
M. BAILLY.
N'en croyez rien , à mon poste, je reste.
THÉONIE.
Vont-ils se moquer de vous !
M. BAILLY.
                            Soit !....
    Je les attends... le sage doit,
    Sans sourciller une seconde,
    Horace nous apprend cela.....
Rester debout sur les débris du monde
Et par bonheur nous n'en sommes pas là. (bis.)

Anaïs , à M. Bailly. — Annoncez donc votre marchandise.

Théonie. — Comme si elle n'était pas assez visible.

M. Bailly. — En effet, j'oubliais (criant) à la fraîche ! qui veut boire ? v'là le coco !..

Air : du Vaudeville du Chaudronnier de St.-Flour.
    Afin d'avoir l'élite
    De ce que je débite,
    Que chacun au plus vite
    Accourre auprès de nous...
    Ici la gourmandise
    A bon marché s'aiguise,
    Pain d'épices, cerise,
    Voilà pour tous les goûts.....

De ma tisanne un verre
Vaut mieux qu'un pot de bierre.   (bis.)

SCÈNE XVI.

LES PRÉCÉDENS, COLLÉGIENS, UN MAITRE D'ÉTUDE.

LES COLLÉGIENS.
Suite de l'air.
Du coco !... du coco !...
C'est ce qui désaltère
Par un temps aussi beau...   (ter.)

Les Collégiens, avec étonnement.—Tiens! tiens ! M. Bailly qui vend du coco !..

M. Bailly. — Comme vous le dites , mes amis !

Les Collégiens. — Qu'est-ce que ça veut dire ?.. oh ! la drôle de chose ! (Ils rompent leurs rangs.)

Le Maitre d'Etudes. — Allons , messieurs , restez en rang.

Un Collégien. — Il faut bien que nous allions savoir pourquoi M. Bailly s'est fait marchand de tisanne...

Les Collégiens. — Oui... oui...

Théonie , bas à M. Bailly. — Comment pourrez-vous sortir de cet embarras ?..

M. Bailly, à Théonie. — Laissez-moi donc un peu tranquille.. pardon.. (Aux collégiens.) Vous voulez savoir, mes chers amis, pourquoi je suis aujourd'hui marchand de coco , n'est-il pas vrai ?..

Les Collégiens. — Oui, oui , oui !..

M. Bailly, quittant la boutique. — Eh bien ! je vais vous le dire.
(Les Collégiens se pressent autour de lui d'un air de curiosité).

Air : Merveilleuse dans ses vertus.
    Vous aimez mes simples récits,
    Où prennent une part égale
    Le sentiment et la morale.....
    Ecoutez-moi donc , mes amis.
    Du boulevard tout-à-l'heure
    J'étais un des promeneurs
    Et jusques à leur demeure
    J'accompagnais ces deux sœurs...
    Mais pris par la soif subito ,
    A cette superbe fontaine
    Tous les trois , et sans plus de gêne,
    Nous vînmes boire du coco.....
    Au moment où la marchande
    S'empresse de nous servir,
    Quelqu'un vient... on la demande
    Vers son fils il faut courir.
    Car on lui dit que cet enfant,
    Par un malheur inexplicable ,
    A fait une chûte effroyable
    Et qu'il est hélas ! expirant !...
    Le drame alors se complique
    Elle s'enfuit comme un trait,
    En disant : sur ma boutique
    Ah ! veillez bien s'il vous plaît !
    Touchés de son cruel tourment
    Sans en entendre davantage
    Nous nous installons et je gage ,
    Que vous en auriez fait autant,
(Les collégiens font un signe affirmatif.)
    Mais un doux espoir nous berce.
    Pauvre mère, en tes chagrins,
    Tu verras si ton commerce

A prospéré dans nos mains !...
On trouve toujours de l'écho
Quand c'est au cœur que l'on s'adresse !
Comprenez-vous, brave jeunesse
Pourquoi nous vendons du coco !...

LES COLLÉGIENS. — Oui, oui, nous comprenons, à présent.

PREMIER COLLÉGIEN. — Et la vente va donc bien, M. Bailly ?

M. BAILLY. — Mais, oui... fort bien.

PREMIER COLLÉGIEN. — Oh ! il faut qu'elle aille mieux encore, et que nous soyons pour quelque chose dans votre belle action. (*A ses camarades.*) N'est-ce pas, mes amis?

TOUS. — Oui ! oui !...

M. BAILLY, *à part.* — Excellens enfans !... Et l'on s'étonnera que je les aime !...

DEUXIÈME COLLÉGIEN. — Du coco !... du coco !... comme s'il en pleuvait !...

TROISIÈME COLLÉGIEN. — Moi, des cerises... des cerises !...

TOUS. — Nous, des gâteaux !... Des pains d'épices !... (*Ils entourent la boutique.*)

PREMIER COLLÉGIEN. — Il faut que toute la boutique y passe, et que la marchande ne trouve plus rien à son retour.

M. BAILLY. — Un moment ! un moment !... procédons mathématiquement, si c'est possible. (*Il se place dans la boutique.*) Les amateurs de cerises, par ici. (*Montrant Anaïs.*) Les amateurs de gâteaux par là. (*Il indique le côté de Théonie.*)

QUATRIÈME COLLÉGIEN, *à Théonie, voyant qu'elle se décide avec peine à servir des marchandises.* — Est-ce que mademoiselle refuserait de nous vendre des gâteaux ?

THÉONIE *embarrassée.* — Non... Monsieur... au contraire...

QUATRIÈME COLLÉGIEN. — Comme cela doit être bon, servi par d'aussi jolies mains !

(*Les Collégiens mangent, boivent, emplissent leurs poches et leurs chapeaux.*)

M. BAILLY. — Au train dont vous y allez, il n'y aura bientôt plus rien, la recette va être doublée... triplée... (*A part.*) Il faut aussi que je mette quelque chose pour ma part. (*Il tire de l'argent de sa poche.*)

LES COLLÉGIENS. — Tant mieux !... tant mieux !... c'est ce que nous voulons !...

ANAÏS. — Quant à moi, je n'ai plus de cerises... Quel bonheur !...

THÉONIE. — Moi, je viens de distribuer mes derniers gâteaux, Dieu merci !

SCÈNE XVII.

LES PRÉCÉDENS, LA DUCHESSE DE BELVAL.

LA DUCHESSE, *d'un côté du théâtre, à part.* — Une dame Brossard, marchande de coco, au coin de la rue de la Paix, peut donner, m'a-t-on dit, des renseignemeus précis sur cette jeune fille... Je ne vois que cette boutique... c'est sans doute là... Approchons.

THÉONIE *apercevant la Duchesse.* — Que vois-je !... la duchesse de Belval !... Ah ! mon Dieu ; nous sommes perdues !...

ANAÏS, *aux Collégiens.* — Nous vous remercions bien au nom de madame Brossard.

LA DUCHESSE, *à part.* — Madame Brossard... c'est cela... Mais cette voix ne m'est pas inconnue...

PREMIER COLLÉGIEN. — Nous remercier?... Dites donc, Mademoiselle, que c'est nous qui ne savons comment vous exprimer...

M. BAILLY, *qui a compté l'argent.* — Mes bons amis, nous avons fait des affaires superbes !

LA DUCHESSE, *à part.* — M. Bailly qui vend du coco ! est-il devenu fou par hasard?...

THÉONIE, *à part.* — Je suis plus morte que vive !...

LA DUCHESSE, *à part.* — C'est Anaïs et Théonie qui sont avec lui; sachons ce que cela signifie... (*Elle s'approche.*) Mon cher Bailly, je vous fais mon compliment... Mesdemoiselles... (*Elle fait une révérence.*)

THÉONIE, *à part.* — Elle se moque de nous, certainement !.

M. BAILLY *et* ANAÏS. — Madame la Duchesse !...

LA DUCHESSE. — Moi-même... J'étais loin de m'attendre à vous trouver ici... Pourriez-vous m'expliquer...

M. BAILLY. — Comment il se fait que vous nous voyez marchands de coco, n'est-ce pas?

LE MAÎTRE D'ÉTUDES. — Allons, messieurs, reprenons nos rangs, il est temps de retourner au collège.

LES COLLÉGIENS. — Voilà !... voilà !... En rang... en rang...

M. BAILLY, *à la Duchesse.* — Je vous raconterai cela dans un moment... Permettez...

LE MAÎTRE D'ÉTUDES. — Garde à vous !... à droite, alignement, par le flanc droit, à droite... Pas accéléré !... marche !...

LES COLLÉGIENS.

AIR : *Je reconnais ce militaire.*

Dirigeons-nous vers le collége,
Adieu notre bon vieil ami !
Que le ciel toujours vous protége
Nous espérons vous voir jeudi. (*bis.*)

M. BAILLY.

Oui, vous me verrez, je le jure !

LA DUCHESSE, *à M. Bailly.*

Comme ils ont l'air de vous chérir...

THÉONIE, *à part.*

Quelle insupportable aventure !

ANAÏS.

Ah ! pour moi quel jour de plaisir ! (*bis.*)

LES COLLÉGIENS EN CHOEUR.

Dirigeons-nous vers le collége, etc.

SCÈNE XVIII.

M. BAILLY, THÉONIE, ANAÏS, LA DUCHESSE.

LA DUCHESSE. — Ah ! dites-moi, mon cher

Bailly, cette boutique n'appartient-elle pas à une dame Brossard ?

M. BAILLY. — Précisément... est-ce que vous lui vouliez quelque chose ?

LA DUCHESSE. — Oui, j'avais des renseignemens à lui demander.

M. BAILLY. — Eh bien! alors parlez.. car c'est moi qui suis madame Brossard... par intérim.

LA DUCHESSE. — Mais vous ne sauriez pas... il s'agit d'une jeune enfant qui est venue hier et ce matin à mon hôtel demander du travail.

M. BAILLY. — Je vous reconnais bien là, madame la Duchesse, toujours occupée de bonnes œuvres.

LA DUCHESSE. — C'est le privilége de la fortune... je ne puis vous dire, mon cher Bailly, à quel point cette petite fille m'intéresse.... une figure charmante, un air de candeur... d'ingénuité... Elle m'a dit se nommer, je crois, Cécile... *(cherchant dans sa tête)* Cécile... Cécile... ah ! le nom m'échappe... du reste, elle vient tous les jours acheter des cerises chez madame Brossard.

ANAÏS, *à demi-voix.* — Mon bon ami, ne serait-ce pas, ma jolie petite pratique de tout-à-l'heure ?

M. BAILLY. — Cette pauvre enfant qui est si intéressante ?

LA DUCHESSE, *apercevant Cécile.* — Eh ! n'est-ce pas elle que j'apperçois ? *(à M. Bailly mettant le doigt sur la bouche)* silence ! *(à part).* Tenons-nous à l'écart, et observons.

SCÈNE XIX.

LES PRÉCÉDENS, CECILE.

CÉCILE, *accourant.* — *(Avec émotion à Anaïs).* Ah ! mademoiselle !.. mademoiselle !...

ANAÏS. — Eh ! mais, qu'avez-vous ?

CÉCILE. — Vous savez bien la livre de cerises que vous m'avez pesée tout-à-l'heure et que vous avez mise dans mon panier ?

M. BAILLY. — Oui... après ?..

CÉCILE. — Après... lorsque nous avons eu tout mangé, ma mère et moi, j'ai pris le panier pour le secouer... et savez vous ce qu'il en est tombé, monsieur? une grosse pièce de cent sous !...

M. BAILLY, *contrefaisant l'étonnement.* — Vraiment !

CÉCILE. — Et la voici ! je vous la rapporte... elle ne peut appartenir qu'à vous... si c'est une charité, une aumône, que vous avez eu l'intention de me faire... je vous remercie bien... ma mère et moi trouvons dans notre travail le moyen de subvenir à notre existence... si c'est une épreuve à laquelle vous avez voulu me soumettre, apprenez que je suis une honnête fille, la fille d'un soldat mort au champ d'honneur... la fille de Georges Durand, et je ne crois avoir rien fait qui puisse vous autoriser...

LA DUCHESSE. *à part.* — Après une action

pareille, je n'ai plus besoin d'aller aux informations.

M. BAILLY. — Georges Durand ! quel nom venez vous de prononcer !... Vous êtes, dites vous, la fille de Georges Durand ?

CÉCILE. — Hélas ! oui, monsieur.

M. BAILLY, *transporté.* — La fille de Georges Durand !!!

SCÈNE XX.

LES PRÉCÉDENS, DURAND.

DURAND, *accourant.* — Qui-est-ce qui demande Georges Durand ?

M. BAILLY. — C'est moi, parbleu! c'est moi !.. arrivez donc vite, arrivez donc !..

DURAND. — Eh bien ! me voilà, mon ancien, qu'y a-t-il ?

M. BAILLY, *avec feu.* — Vous cherchez une nièce, n'est-ce pas ? regardez cette petite fille... regardez... et mettez la main sur votre cœur.

DURAND.
AIR : *du Renégat.*

Attendez donc... oui... voilà bien
L'âg' qu'aurait aujourd'hui ma nièce,
Elle doit avoir ce maintien
Rempli de grac's et d' gentillesse.

M. BAILLY *à Cecile.*
Ne tremblez pas ainsi, ma chère enfant.

DURAND.
Quel est son nom ?

M. BAILLY.
C'est Cécile Durand.

DURAND. — Cécile Durand !... Cécile, effectivement, je me rappelle... c'était le nom de la fille de mon frère... Ah ! monsieur, il serait possible !... *(A Cécile.)* Mais viens donc vite dans les bras de ton oncle, ma Cécile, viens vite, viens vite. *(Cécile se jette dans ses bras.)*

ENSEMBLE.
Suite de l'air.

DURAND.
Ah ! que ce moment a de charmes !
Comm' je sens là battre mon cœur !
Qu'il est doux de verser des larmes
Quand ce sont des larmes de bonheur.

CÉCILE.
O moment pour moi, plein de charmes !
Comme je sens battre mon cœur !
Si je verse aujourd'hui des larmes
Ce sont des larmes de bonheur !

SCÈNE XXI.

LES PRÉCÉDENS, LE BARON DE LIGNY, *entrant par la droite.*

LA DUCHESSE, *l'apercevant.* — Vous aussi, Baron, vous arrivez à propos.

LE BARON. — Je croyais trouver à l'hôtel M. Bailly et mes deux filles... Comment se fait-il ?...

LA DUCHESSE, *le retenant.* — Chut !... écoutons, vous saurez cela tout-à-l'heure !...

M. BAILLY, *à Théonie.* — Eh bien ! Théonie, vous ne dites rien ?

THÉONIE. — Ah! mon bon ami, je remercie Dieu de nous avoir fait marchands de coco.... et je n'oublierai de ma vie une pareille journée.

LE BARON, *à la Duchesse.* — Quel changement!...

DURAND, *à M. Bailly.* — Ah! Monsieur, que ne vous dois-je pas!... (*A Cécile.*) Viens, ma nièce; viens, mon enfant; ta mère est pauvre, je le sais; mais je suis riche, moi, et nous le sommes tous à présent.

LA DUCHESSE, *s'approchant.* — Elle méritait bien ce qui lui arrive.

CÉCILE, *apercevant la Duchesse.* — Que vois-je!... madame la Duchesse!...

THÉONIE *et* ANAÏS. — Mon père!...

DURAND. — Ah! une duchesse ici... madame... j'ai bien l'honneur... (*Il salue profondément.*) (*Bruit dans la coulisse.*)

M. BAILLY. — Mais que signifie ce tapage?...

SCÈNE XXII ET DERNIÈRE.

LE PRÉCÉDENS, MAD. BROSSARD, VOISINS ET VOISINES DE MAD. BROSSARD.

LES VOISINES.

ENSEMBLE.

AIR : *Me voilà* (des Poletais)!

Nous voilà, nous voilà, son enfant
Peut dir' qu'il en réchapp' d'un' belle,
Au ciel ell' doit un' fier' chandelle....
Car heureus'ment l'mal n'est pas grand!

MAD. BROSSARD.

Nous voilà, nous voilà, mon enfant
Peut dir' qu'il en réchapp' d'un' belle,
Au ciel je dois une fier' chandelle,
Car heureus'ment l'mal n'est pas grand.

MAD. BROSSARD. — Ah! mon bon monsieur! mon pauvre enfant est enfin sauvé!...

M. BAILLY. — Sauvé!... ah! tant mieux!...

MAD. BROSSARD. — Le médecin a dit comme ça qu'il en serait quitte pour une légère foulure. (*Elle jette un coup-d'œil sur sa boutique.*) Ah çà, à propos, et ma boutique?... eh bien! il n'y a plus rien?... (*Marque d'étonnement.*)

M. BAILLY *la conduisant au tiroir.* — Non, il n'y a plus rien là-dessus, mais regardez là-dedans... 130 fr. de recette, êtes-vous contente de nous?...

MAD. BROSSARD, *ouvrant de grands yeux.* — Pas possible!... Mais je n'avais que pour 30 fr. de marchandises, tout au plus encore!... Mon bon monsieur, mes jolies demoiselles!... comment jamais r'connaître?... (*Elle saute au col de M. Bailly et l'embrasse.*)

M. BAILLY. — Que voulez-vous! nous avons toujours eu la foule... des ouvriers... des collégiens... que sais-je?.. Votre boutique est admirablement située, madame Brossard.

MAD. BROSSARD. — Pas mal, monsieur!... Mais quand j'y pense... 130 fr. de recette!...

Ah! c'est fini, je m' lance dans l' cassis et la prune à l'eau-de-vie!

M. BAILLY, *remettant la serviette à madame Brossard.* — Madame Brossard, je vous remets les insignes du pouvoir. (*Déclamant.*)

J'ai gouverné sans peur et j'abdique sans crainte.

(*A Théonie*) Eh bien! ma chère Théonie, vous voyez quels sont les résultats de notre aventure? une bonne recette pour madame Brossard; une honnête famille retrouvant un excellent parent, de fâcheuses préventions détruites...

THÉONIE, *vivement.* — Et détruites pour toujours!

LE BARON, *s'approchant de M Bailly, à demivoix.* — Merci de la leçon! (*A Théonie, en l'embrassant.*) Ma chère fille! que tu me rends heureux!

M. BAILLY. — Quand je disais que nous la corrigerions!

VAUDEVILLE FINAL.

AIR : *Allons, mettons-nous en route* (de la Tirelire)!

A la fraîche! qui veut boire?
        C'est le refrain
        Que soudain
Devant plus d'un auditoire
On répète soir et matin!

THÉONIE.

Longtemps j'ai pu me méprendre
Je reviens de mon erreur,
Désormais pourrais-je entendre
Sans sentir battre mon cœur.   A la fraîche! etc.

ANAÏS.

Si du sort un coup funeste
Me jetait sur le pavé,
Une ressource me reste
    (*Montrant la fontaine.*)
J'ai mon état tout trouvé.   A la fraîche! etc.

M. BAILLY.

Suivant la mythologie,
Lorsque l'Olympe absorbé
Craignait une léthargie,
Que chantait la jeune Hébé?   A la fraîche! etc.

MAD. BROSSARD.

Je rafraîchis la vaillance,
Je rafraîchis les amours,
Je rafraîchis la constance,
Je rafraîchis... les tambours!... A la fraîche! etc.

DURAND.

De porteurs d'eau que d' douzaines
Je rencontr' sur mon chemin,
J'ai vu deux bornes-fontaines
A la port' d'un marchand d' vin. A la fraîche! etc.

LE BARON DE LIGNY.

La France régénérée
En dépit de maint censeur,
Grâce au verre d'eau sucrée
Compte plus d'un orateur!   A la fraîche! etc.

MAD. LA DUCHESSE DE BELVAL.

Vous, chez qui, dans ce bas-monde,
L'or coule comme un torrent!...
Dites, en laissant son onde
Retomber sur l'indigent!   A la fraîche! etc.

CÉCILE, *au public.*

Que l'indulgence préserve
Les auteurs de ce tableau,
Car pour exciter leur verve
Ils n'avaient que du coco.   A la fraîche! etc.

M. BAILLY.

Vieux conteur des jeunes filles,
Je bénirais mon destin,
Si dans ces lieux les familles
Daignaient me tendre la main!... A la fraîche! etc.

FIN DE A LA FRAICHE! QUI VEUT BOIRE?

VERSAILLES. — IMPRIMERIE DE MICHEL, VOSSONE, avenue de Saint-Cloud, n° 5.

RÉPERTOIRE DU THÉÂTRE-COMIQUE

PIÈCES EN FAVEUR

Nota. À dater de ce jour, toutes les Pièces ci-dessus ne seront plus vendues que 50 cent. chaque, à l'exception cependant, des quatre ci-après nommées, Une Trouvaille, l'Autre, le Faux Père, Une Mère et l'Étranger, qui restent fixées à 1 fr. 25 c.

PIÈCES À BON MARCHÉ

Sous presse.

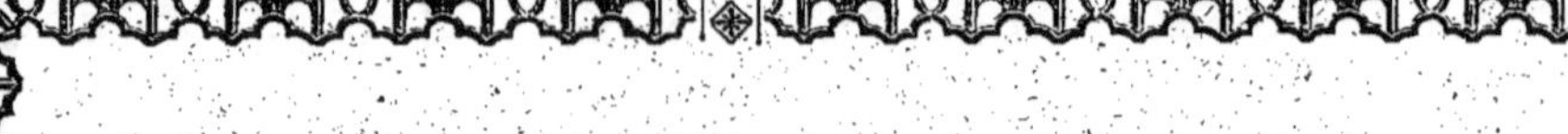

RÉPERTOIRE DU THÉATRE-COMTE.

PIÈCES EN VENTE.

1. Trois Fils de la Veuve.
2. Finette.
3. Le Tilbury et la Charrette.
4. Le Chat Botté.
5. Le Jeune Grec.
6. La Jeune Marraine.
7. Un Demi-Siècle.
8. Une Soirée.
9. Le Remplaçant.
10. Un Jour d'Audience.
11. Henri IV en Famille.
12. La Petite Somnambule.
13. Marie Brouillon.
14. Muette des Pyrénées.
15. La Cuisine au Salon.
16. Les Petits Braconniers.
17. Les Ricochets.
18. C'est l'Un ou l'Autre.
19. Les Blés et les Fleurs.
20. La Comédie au Château.

21. La Saisie et le Bal.
22. Les Deux Théodore.
23. Les Deux Mousses.
24. Trois États en un Jour.
25. République de Saint-Marin.
26. Noblesse et Roture.
27. Napoléon à Brienne.
28. Les Deux petits Savoyards.
29. La Pendule.
30. L'Abbé de l'Épée.
31. Une Première Faute.
32. La Reine de six Ans.
33. Les Fils du Rempailleur.
34. Brune et Blonde.
35. Le Livre Vert.
36. Racine en Famille.
37. Augusta.
38. Une Mère.
39. La Jeunesse de Louis XV.
40. L'Enseigne.

41. La Jeunesse de Voltaire.
42. La Menteuse.
43. Le Peloton de Fil.
44. L'Enfance de Marie Stuart.
45. Byron à l'École d'Harow.
46. Le Coin du Feu.
47. L'Enfant Volé.
48. Jeanne d'Arc.
49. Un Jour de Médecine.
50. Un Pèlerinage.
51. La Préface de Gil Blas.
52. Le Dalhia Magique.
53. L'Ouvrier de Paris.
54. Jeunesse d'un Grand Roi.
55. Le Bon et le Mauvais Chemin.
56. La Caisse d'Épargne.
57. Les Ombres Chinoises.
58. Les Quatre Mendiants.

Nota. A dater de ce jour, toutes les Pièces ci-dessus ne seront plus vendues que 60 cent. chaque, à l'exception, cependant, des quatre pièces suivantes : *Une Première Faute, Le Livre Vert, Une Mère* et *l'Enseigne*, qui restent fixées à 1 fr. 25 c.

PIÈCES A BON MARCHÉ.

LES HOMMES DE 15 ANS, en 2 actes, par MM. Emile Vander-Burch et Simonnin, 40 cent.
LE BAL MASQUÉ, en 2 actes, par MM. Henri Duffaud et A. Poujol, 40 cent.
HÉNIN, ou LE PÊCHEUR DE BOULOGNE, par M. Ménissier, 25 cent.
MADAME DE GENLIS, en 2 actes, par M. G. D'Alby, 40 cent.
LA PEAU DE SINGE, en 2 actes, par MM. Moreau et Williams Adisson, 40 cent.
SI J'ÉTAIS GRAND, en 4 actes, par M. Barthélemy, 40 cent.
L'AUDIENCE DU ROI, en un acte, par M. Barthélemy, 25 cent.
A LA FRAICHE, QUI VEUT BOIRE? ou UNE PROMENADE DU VIEUX CONTEUR, en un acte, par MM. De Berruyer et A. Giraud, 25 cent.

Sous presse :

LES SOEURS DE LAIT et LE MARI DE CINQ ANS.